AF394123

LISTA DI CONTROLLO DEL BUSINESS PLAN

Pianificate la vostra strada verso il successo aziendale

Subjects

- ☑ Market
- ☐ Customers
- ☑ Marketing
- ☐ Partners
- ☒ Competitors
- ☐ HR
- ☐ ...

LISTA DI CONTROLLO DEL BUSINESS PLAN

Pianificate la vostra strada verso il successo aziendale

scritto da Antoine Delers
tradotto par Sara Rossi

50MINUTES.com

LISTA DI CONTROLLO DEL BUSINESS PLAN

INFORMAZIONI CHIAVE

- **Nomi:** Piano aziendale, piano di sviluppo

- **Utilizzi:** Generalmente utilizzato per la creazione di nuove imprese o il lancio di nuovi prodotti, il business plan consente di valutare la fattibilità di un progetto, tenendo conto delle caratteristiche del mercato, e di definire il piano di marketing.

- **I motivi della sua efficacia:** Un business plan aiuta a identificare i limiti e le prospettive di un progetto imprenditoriale, descrivendo nel dettaglio tutti i punti relativi al lancio dell'attività: prodotto, mercato, risorse, ecc. È obbligatorio per la costituzione di una nuova impresa e per l›ottenimento di finanziamenti esterni e aiuta a stabilire la strategia a breve e medio termine e la redditività finanziaria del progetto, nonché i fattori chiave di successo. Le previsioni e le strategie definite nel business plan vengono poi utilizzate per monitorare il buon andamento delle attività dell'azienda e, se necessario, per apportare modifiche al fine di raggiungere gli obiettivi inizialmente fissati nel modo più efficiente possibile.

- **Parole chiave:**

  - <u>Piano finanziario</u>: piano che illustra in dettaglio le entrate e le uscite finanziarie di una struttura, comprese in particolare le valutazioni e i conti economici storici e previsionali.

  - <u>Mercato</u>: in senso stretto, l'insieme delle imprese, dei clienti, dei fornitori e degli altri intermediari coinvolti in una stessa attività; in senso più ampio, comprende i prodotti, le materie prime e i terzi che interagiscono con il mercato.

  - <u>Ricerche di mercato</u>: analisi qualitativa e/o quantitativa dei diversi stakeholder, come clienti, fornitori, concorrenti e tendenze di mercato.

  - <u>Marketing mix</u>: la combinazione coerente delle variabili prezzo, prodotto, luogo e promozione di un'attività (comunicazione), diretta al consumatore per incoraggiarlo all'acquisto.

  - <u>Analisi PESTLE</u>: lo studio dei fattori macroeconomici (politici, economici, socioculturali, tecnologici, ambientali e legali) dell'ambiente che possono influenzare lo sviluppo di un'azienda. Questa analisi non si occupa dei fattori ambientali microeconomici che, pur essendo anch'essi esterni all'azienda, sono specifici del settore di attività di un'impresa.

  - <u>Analisi SWOT</u>: lo studio dell'ambiente interno ed esterno che consente di identificare i punti di forza, le debolezze, le opportunità e le minacce relative a una specifica azienda.

INTRODUZIONE

L'origine del business plan coincide con il crescente desiderio di stabilire e garantire un certo grado di stabilità, soprattutto in termini di finanziamenti, per una nuova impresa (realizzazione di un progetto, creazione di un'azienda, ecc.). Per descrivere la situazione futura di un progetto imprenditoriale, con l'obiettivo di realizzarlo, è necessario un business plan. È stato soprattutto negli anni '70 – un periodo che ha visto il moltiplicarsi di crisi e cambiamenti intersettoriali (a causa delle crisi petrolifere e dell'arrivo dei computer) – che questo strumento è diventato essenziale per avviare e gestire efficacemente un'azienda. Permette agli utenti di attirare l'attenzione di decisori, manager, banchieri, ecc. Questi sono tutti potenziali stakeholder che, se vedono il potenziale di profitto, potrebbero voler investire nel progetto.

DEFINIZIONE DEL MODELLO

Il business plan fornisce informazioni a manager, azionisti e potenziali finanziatori fornendo una panoramica della (nuova) azienda, dei suoi modelli di sviluppo, delle sue scelte strategiche e del suo ambiente. In concreto, il documento descrive principalmente:

- **l'azienda e le sue caratteristiche principali**, attraverso una descrizione della strategia e degli obiettivi futuri, uno studio dei punti di forza e di debolezza della (nuova) azienda e, infine, una presentazione del futuro team;

- **il mercato e i clienti,** attraverso ricerche di mercato che informano le terze parti sullo stato del mercato (la sua crescita, il suo potenziale, ecc.), i clienti (il comportamento d'acquisto, ecc.), i concorrenti, i fornitori e altri intermediari chiave;

- **la concorrenza prevista**, che elenca i principali punti di forza dei concorrenti, compresi i vantaggi competitivi che la (nuova) azienda cercherà di ottenere;

- **il piano di marketing**, che illustra la strategia di marketing proposta per il prodotto o il servizio;

- **il piano operativo**, che descrive l'organizzazione dell'azienda su base giornaliera, in particolare attraverso un'analisi della catena del valore e delle diverse procedure;

- **il piano finanziario**, che completa il business plan proiettando le previsioni finanziarie su diversi anni, compreso il ritorno sull'investimento (ROI) previsto. Questa è la sezione che interesserà maggiormente gli investitori e i banchieri. Include principalmente le entrate e le spese previste nei primi anni di lancio, ma anche il piano di investimento, i vari partner finanziari a cui ci si rivolge e le proiezioni dei bilanci e dei conti economici.

TEORIA

Sebbene il termine esista da oltre un secolo, l'uso del business plan si è diffuso solo tra la fine degli anni '60 e l'inizio degli anni '70 (la fine del "decennio culturale" degli anni '60 e l'emergere delle crisi petrolifere a partire dal 1973). In quel periodo si sono osservati due importanti cambiamenti:

- la riluttanza degli investitori;

- la nascita e lo sviluppo dell'informatica.

LA RILUTTANZA DEGLI INVESTITORI

In seguito alle crisi che hanno scoraggiato gli investitori, è diventato necessario per le imprese in cerca di finanziamenti progettare e curare la presentazione del proprio progetto per convincere efficacemente i potenziali azionisti. La loro presentazione doveva essere strutturata, professionale e il più possibile realistica.

L'inversione della curva della domanda e dell'offerta ha incoraggiato gli investitori a essere più cauti nei loro finanziamenti: ora vogliono assicurarsi di non trascurare alcun dettaglio. Con il calo della domanda che ha coinciso con la proliferazione di progetti sempre più rischiosi, è diventato essenziale poter garantire, grazie a una base stabile – cioè un business plan oggettivo e realistico – che l'azienda fosse sicuramente redditizia. Sempre legato a questo cambiamento, l'aumento della competitività ha richiesto agli imprenditori un maggior rigore nel lavoro (scelta e anticipazione dei rischi potenziali) al momento della creazione di un'impresa o del lancio di un nuovo prodotto, portandoli a condurre uno studio preliminare per confermare le prospettive di successo.

LA NASCITA E LO SVILUPPO DELL'IT

Il secondo cambiamento è legato alla comparsa dei computer nelle case e dei prodotti immateriali (virtuali). L'ascesa della Silicon Valley negli Stati Uniti, luogo di nascita delle aziende tecnologiche, ha contribuito a questo sviluppo. Da un lato, la creazione di molte startup richiedeva investimenti significativi. Dall'altro, gli investitori dovevano garantire la redditività e il ROI dei progetti che finanziavano.

LA SITUAZIONE OGGI

Al giorno d'oggi, la stesura di un business plan è diventata praticamente indispensabile per la gestione e la creazione di nuove attività, o anche per l'abbandono di alcune attività e la conseguente ridistribuzione delle risorse. I leader hanno bisogno di una base solida e coerente su cui lavorare e gli investitori hanno bisogno di alcune informazioni fondamentali per investire con fiducia il loro denaro. In un numero limitato di casi, l'assenza di questo documento è giustificata. Questi casi saranno discussi nella sezione dedicata ai limiti del modello.

I 9 PASSI FONDAMENTALI PER IL SUCCESSO – IL CLASSICO BUSINESS PLAN

Il business plan è una previsione futura di un progetto, della sua strategia e dei suoi bilanci. Sebbene non esista un modo corretto di crearlo (sono possibili varianti e un business plan può comprendere da sette a dodici capitoli), abbiamo scelto di presentare il piano in nove sezioni.

1. Sintesi

2. Presentazione dell'azienda e del team di gestione

3. Ricerca di mercato

4. Analisi della base clienti

5. Analisi della concorrenza

6. Piano di marketing

7. Piano operativo

8. Piano finanziario

9. Appendici

Sintesi

L'executive summary (o management summary) è una sintesi di una o due pagine del progetto, destinata ai dirigenti e ai terzi interessati. Questa sintesi deve presentare in modo sintetico i principi guida del business plan: il tipo di prodotti e servizi creati, la strategia attuata, i clienti e infine i dati finanziari, compreso il ROI. Deve essere completo per consentire al lettore di farsi rapidamente un'idea del potenziale del progetto.

Presentazione dell'azienda e del team di gestione

La seconda parte del business plan riguarda l'azienda stessa, la sua strategia complessiva, i suoi obiettivi a breve, medio e lungo termine, nonché i suoi punti di forza e le sue aspirazioni (sfide future). In questa fase dello studio, può essere utile utilizzare un'analisi SWOT per descrivere l'azienda e il suo ambiente: l'imprenditore può cogliere l'occasione per identificare i punti di forza, le debolezze, le opportunità e le minacce.

In un'analisi SWOT, i punti di forza sono le risorse intrinseche dell'azienda, come la sua posizione in un luogo favorevole agli affari, mentre i punti di debolezza rappresentano gli svantaggi (interni). Infine, le opportunità e le minacce (fattori esterni) identificano le prospettive future dell'azienda. Spetta all'azienda sfruttare le opportunità evitando le minacce e correggere le debolezze utilizzando i propri punti di forza.

In questa sede devono essere definiti anche gli obiettivi a breve, medio e lungo termine dell'azienda: crescita della quota di mercato, aumento del numero di clienti, aumento della redditività, ecc.

Infine, la presentazione dell'azienda include una descrizione del team di gestione, ovvero l'esperienza, i contributi e le responsabilità future dei partner che lanceranno e gestiranno l'azienda.

Ricerca di mercato

La ricerca di mercato presenta il mercato nel suo complesso, insieme a fattori esterni all'azienda che potrebbero avere una certa influenza sulla futura impresa (o sul futuro dell'azienda). Lo scopo di questa sezione non è quello di descrivere i clienti e il loro comportamento, ma di presentare più in generale la composizione del mercato attuale, le tendenze che ci si deve aspettare, la legislazione in vigore, ecc. Per ottenere una panoramica completa e accurata della situazione esterna, è possibile effettuare un'analisi PESTLE. Questa presenta l'ambiente macroeconomico attraverso un quadro di sei fattori.

- **Politico.** Quanta pressione c'è da parte del governo? Quanto è stabile politicamente la situazione?

- **Economico.** Quali sono i tassi di interesse e i tassi di crescita? Qual è la politica monetaria?

- **Socio-culturale.** Qual è la situazione demografica? Qual è la legislazione sociale in vigore?

- **Tecnologico.** Quali sono le tecnologie e i nuovi brevetti disponibili?

- **Ecologico.** Quali sono gli standard ambientali? Quale politica di sviluppo sostenibile è in atto?

- **Legislativo.** Quali sono le leggi in vigore nel settore? Quali sono le tutele per i consumatori?

Questo tipo di analisi mira a confermare l'idoneità e la legittimità della costituzione di una nuova società sul mercato.

 RICERCA DI MERCATO

La ricerca di mercato è solitamente alla base di qualsiasi piano aziendale. È una fase quasi obbligatoria, in quanto consente all'imprenditore di rendersi conto delle reali condizioni del mercato in cui la sua azienda è o sarà inserita. Tuttavia, spesso viene trascurata perché richiede tempo, che le persone che lavorano al progetto preferiscono dedicare ad azioni concrete per la creazione dell'azienda. La ricerca di mercato viene utilizzata quando si cerca di:

Identificare le tendenze del mercato, per capire se il mercato target è favorevole o meno alla nuova azienda.

Definire i clienti target, le loro origini e il loro comportamento d'acquisto.

Conoscere meglio la concorrenza. I concorrenti sono affermati? Quali prodotti offrono? Quali sono i loro punti di forza o vantaggi competitivi?

Informatevi sugli aspetti relativi ai fornitori (numero, accordi e possibili margini).

Identificare altre influenze, come la località, le leggi commerciali, le norme sociali e altri partner.

Analisi della clientela: chi sono i clienti target?

L'analisi della base di clienti è uno dei punti più impor-tanti da sviluppare nel business plan, perché senza clienti, ovviamente, non arriveranno molti soldi! L'analisi mira quindi a descrivere la base di clienti a cui ci si vuole rivolgere in futuro. In questa fase, dobbiamo vedere chiaramente chi la compone, come segmentarla, quale bacino d'utenza scegliere, ecc. Gli istituti di stati-stica possono solitamente fornire una parte significa-tiva di queste informazioni.

Anche i bisogni dei consumatori, ovvero ciò che essi desiderano, dovrebbero avere un ruolo di primo piano in questa sezione, per definire le caratteristiche dei clienti target. Le ricerche di mercato sul campo sono quindi necessarie per osservare le abitudini e i desideri di acquisto dei consumatori, il loro potere d'acquisto e il prezzo che sono disposti a pagare, con l'obiettivo di cre-are prodotti in grado di soddisfare le loro esigenze.

Analisi della concorrenza

È quindi necessario concentrarsi maggiormente su fattori esterni all'azienda che giocano un ruolo diretto nel suo settore e influenzano il delicato equilibrio tra domanda e offerta. Questa sezione si propone di evi-denziare i diversi concorrenti già presenti sul mercato e di analizzare i loro prodotti, i prezzi che fissano e i loro vantaggi competitivi. L'obiettivo è sapere come l'a-zienda può superarli e quale vantaggio competitivo può sviluppare. Anche se è difficile da realizzare in modo esaustivo, un'analisi SWOT dei concorrenti permetterà di individuare i loro punti di forza e di debolezza.

Infine, può risultare interessante anche una classificazione dei concorrenti diretti e indiretti, che l'azienda non dovrebbe trascurare.

- **I concorrenti diretti** sono quelli che forniscono un servizio identico a quello dell'azienda per soddisfare un'esigenza simile.

- **I concorrenti indiretti** offrono un servizio diverso, ma soddisfano la stessa esigenza.

Piano di marketing o marketing mix

Grazie alle analisi dei clienti e della concorrenza effettuate, è possibile definire la strategia di avvicinamento ai futuri consumatori e progettare un piano di marketing. Chiamato anche "marketing mix", questo piano descrive gli elementi principali della strategia di marketing di un prodotto o di un servizio.

- **Prodotto.** Qual è il prodotto o il servizio offerto?

- **Prezzo.** Il prezzo è allineato a quello dei concorrenti? In che modo una differenza di prezzo può influenzare il comportamento d'acquisto dei clienti?

- **Luogo (canali di distribuzione).** In quali canali di vendita sarà distribuito? Online? Nei negozi?

- **Promozione (comunicazione e diffusione).** Quale pubblicità utilizzare? Quale tono utilizzare? Quale immagine e quali valori vogliamo trasmettere?

Questo mix di quattro variabili consente di sviluppare un piano coerente per l'attuazione di una strategia di marketing. I punti principali dell'analisi SWOT svolta in precedenza possono essere utilizzati insieme a questo piano.

 LA TEORIA DELLE 7 P

Sebbene le 4 P siano una combinazione efficace e logica per strutturare un piano di marketing, alcuni preferiscono includere altri due, tre o quattro elementi per aggiungere ulteriori sfumature. Le variabili aggiuntive più popolari sono "Persone", un concetto che comprende i venditori e la loro capacità di vendere, e "Supporto fisico", che include sia i punti vendita al dettaglio che i luoghi di promozione.

Piano operativo

Questa sezione è dedicata alla gestione dell'azienda e alle sue attività quotidiane: l'organizzazione dei vari reparti, le interazioni con gli stakeholder esterni (come i fornitori), ecc. Deve essere in grado di rispondere alle seguenti domande: Come è organizzata l'azienda al suo interno? Come si ottiene il prodotto? Quali procedure sono in atto? Quali sono i servizi correlati esternalizzati? Infine, a seconda del formato del business plan, esistono diversi modi di presentare le informazioni:

- un grafico che mostri i diversi dipartimenti, possibilmente con i collegamenti tra di essi;

- un piano dettagliato mese per mese delle varie attività di lancio, comprese le tappe fondamentali del progetto;
- un'analisi della catena del valore, ovvero una presentazione delle attività che vanno dalla fase di ricerca e sviluppo all'assistenza post-vendita.

Piano finanziario

Dal momento che i fallimenti sono piuttosto comuni al giorno d'oggi, soprattutto tra le startup, il criterio della redditività è diventato cruciale: se le imprese non sono chiaramente redditizie, i finanziatori saranno riluttanti a investire, rallentando così lo slancio dell'economia. Oltre ai flussi in entrata e in uscita previsti, il piano finanziario comprende il piano di investimento, i partner finanziari a cui ci si rivolge e le proiezioni dei bilanci e dei conti economici.

Questo piano finanziario, che di solito copre tre anni, è sicuramente una delle sezioni più consultate del business plan, perché coinvolge la responsabilità dei finanziatori nei primi tre anni di lancio ed è di particolare interesse per banchieri e investitori, che vogliono assicurarsi che l'azienda sia redditizia. Gli investitori si concentreranno sul rischio in relazione alla produzione e al ritorno sull'investimento, mentre i banchieri verificheranno che l'azienda sia in grado di rimborsare i prestiti nei primi anni. Vale la pena notare che, sebbene un piano finanziario possa coprire cinque o dieci anni, proiettarsi troppo in là nel futuro può portare a previsioni imprecise e persino, in alcuni casi, a previsioni completamente errate.

Come per il piano operativo, questo può essere deline-
ato in vari punti a seconda delle necessità. Comporta:

- **Una tabella degli impieghi e degli apporti di fondi finanziari per il lancio dell'azienda.** Queste misure possono includere le spese di avviamento, le attività materiali e finanziarie, le scorte, il saldo iniziale e i diversi contributi e prestiti da contrarre.

- **Bilanci e conti economici previsionali per i primi tre anni.** In questo caso non è necessario allegare i documenti completi (perché possono essere inseriti anche nella sezione appendici del business plan): devono essere presenti solo i dati più significativi.

Appendici

Infine, la sezione delle appendici contiene tutti i documenti e le informazioni che non si trovano nel corpo principale del business plan. Include un piano finanziario dettagliato, ricerche di mercato, i CV dei fondatori, copie di documenti aziendali, brevetti e licenze e qualsiasi altro documento che fornisca informazioni rilevanti.

APPLICAZIONI DEL BUSINESS PLAN

CONSIGLI E SUGGERIMENTI

Applicazioni concrete nel mondo degli affari

Oltre alle due situazioni generali che abbiamo già deli-neato (l'avvio di un'impresa o il lancio di un grande pro-getto) e per le quali è obbligatorio o consigliato l'uso di un business plan, questo tipo di documento si rivela utile anche per:

- Monitorare l'azienda nel corso degli anni, fungendo da documento di riferimento e garantendo che il progetto non si allontani troppo dalle previsioni iniziali. In caso di importanti cambiamenti strategici, il business plan può essere adattato (prima si osservano le disparità, prima si possono affrontare).

- Convincere investitori e finanziatori della redditività del progetto e dei vantaggi dell'investimento o dell'approvazione di un prestito.

- Soddisfare alcuni requisiti legali, in particolare la presentazione di un piano finanziario per la creazione di una SA (società anonima) o di una SRL (società a responsabilità limitata) da allegare agli statuti depositati presso il notaio.

- Aumentare la credibilità agli occhi di potenziali futuri intermediari (fornitori, distributori, ecc.).

 ## I PRINCIPALI VANTAGGI DI UN BUSINESS PLAN

1. Il business plan aiuta a definire i dettagli del progetto e a garantire che tutte le questioni rilevanti siano state studiate e che non rimangano zone d'ombra. Dimenticare di considerare la concorrenza agguerrita o una barriera all'ingresso nel mercato sarà dannoso.

2. Legato a questo primo vantaggio, definisce la strategia e garantisce la fattibilità del progetto.

3. Questo documento standardizzato può essere presentato e compreso da tutti i soggetti coinvolti, come investitori e finanziatori. Pertanto, anche se la legge bancaria non richiede all'imprenditore di fornire un business plan quando richiede un prestito (bancario), sarà difficile raccogliere fondi senza averne uno.

4. Infine, il business plan facilita la pianificazione a livello strategico, operativo e finanziario per i primi anni e consente di valutare se gli obiettivi sono stati raggiunti durante il lancio.

Raccomandazioni per un business plan efficace

- **Quando si crea un business plan, bisogna pensare in modo oggettivo.** È essenziale stimare i vari punti in modo corretto e logico e, soprattutto, rendersi conto che concedersi uno stipendio sproporzionato alla fine del primo anno dopo il lancio di un nuovo progetto non è necessariamente realistico.

- **Assicurarsi, per quanto possibile, che il progetto sia fattibile.** Può sembrare un'ovvietà, ma è importante per la sopravvivenza che il progetto sia sufficientemente redditizio dopo tre anni.

- **Confrontate le proiezioni con quelle dei concorrenti.** Questo vi aiuterà a determinare se la vostra analisi è appropriata. In caso contrario, correggetela immediatamente.

- **Far approvare il piano da esperti del settore. In** questo caso si può ricorrere a uno sportello unico per le imprese che può evidenziare alcuni aspetti mancanti, consentendo così di rivedere la propria strategia in modo che il piano aziendale sia più adatto alle realtà del mercato.

- **Fate leggere il business plan a persone non esperte.** Un business plan deve essere leggibile e comprensibile da tutti, siano essi specialisti del settore o meno.

- **Seguire i cambiamenti dell'azienda in base al business plan e adeguarsi di conseguenza.** Questo è uno dei principali vantaggi dello strumento, in quanto verifica che la strategia prevista sia stata ben attuata. È quindi importante che il business plan rimanga una base di sviluppo e di supporto per la gestione dell'azienda, in particolare per le nuove attività, nei primi anni dopo il lancio.

- **Infine, non nascondete informazioni dannose, non nascondete i rischi reali e non modificate le previsioni finanziarie.** I fondatori devono assumersi la responsabilità se l'azienda fallisce!

IMPATTO

CRITICHE AL BUSINESS PLAN

Come per ogni modello, anche per il business plan ci sono delle critiche da fare.

- **Il business plan è solo uno studio provvisorio del progetto e non è quindi una garanzia infallibile di redditività.** Molti imprevisti possono mettere a repentaglio le previsioni stabilite: un errore di calcolo del fatturato, una cattiva stima del mercato, un calo dei consumi, un errore nella progettazione del prodotto o una guerra dei prezzi con la concorrenza. Nessuno può prevedere il futuro, ma è necessario ricordare che il business plan funzionerà comunque come base su cui lavorare.

- **Le modifiche periodiche apportate al business plan possono sembrare un po' laboriose.** Nel caso di start-tup o di aziende in settori particolarmente instabili (l'IT, ad esempio, dove i prodotti diventano obsoleti molto rapidamente), le modifiche al piano sono frequenti: un cambio di strategia, un miglioramento del progetto, un cambiamento inaspettato dei clienti, ecc. Il business plan iniziale non è più rilevante, perché il suo schema è troppo lontano dalla realtà.

- **Mancanza di risorse (tempo, energia e competenze) per redigere un business plan completo ed efficace.** Essendo spesso lungo e noioso da realizzare, il business plan sembra di conseguenza impraticabile per i giovani imprenditori che non hanno abbastanza tempo da dedicarvi. Le ricerche di mercato, la ricerca sui prodotti, la descrizione dell'azienda e il piano finanziario richiedono inoltre risorse esterne per essere corretti e approvati, impedendo così all'imprenditore di concentrarsi inizialmente sulla propria attività principale. Inoltre, il fatto di dover redigere un business plan può scoraggiare gli imprenditori dal portare avanti i loro progetti.

- **Poche alternative possibili.** Purtroppo le alternative al business plan sono poche o nulle. Non averne uno durante la raccolta di fondi potrebbe essere dannoso per la nuova azienda, poiché le banche e le altre istituzioni finanziarie desiderano avere una base solida prima di investire. Tuttavia, è molto probabile che un giorno questo atteggiamento cambierà a favore di studi semplificati per la creazione di imprese, come avviene in Canada. Esistono tuttavia due casi in cui il business plan non è obbligatorio: quando un imprenditore decide di fornire da solo i fondi necessari per avviare il progetto; e quando le aziende con un alto valore aggiunto ma con rischi significativi si affidano a singoli investitori, angel investor o fondi di investimento (dovranno comunque presentare i pochi punti principali del business plan, ovvero il futuro prodotto, la sua utilità, i potenziali clienti e il fatturato previsto).

INVESTITORI ANGELICI

Gli angel investor sono investitori individuali esperti (con una parte del capitale) che, guidati dalla loro intuizione, forniscono finanziamenti e offrono ai loro protetti la loro esperienza, la loro rete commerciale e le loro conoscenze come partner della nuova azienda. Le nuove imprese che ricorrono a questo tipo di investimento sono spesso startup ad alto potenziale di crescita, che offrono soluzioni innovative in termini di nuove tecnologie o tecniche industriali, o su mercati emergenti.

ESTENSIONI DEL BUSINESS PLAN

La scheda di valutazione bilanciata

Si tratta di uno strumento di guida e gestione aziendale basato sui KPI (Key Performance Indicators), che fornisce a dirigenti e manager una chiara panoramica delle attività importanti in corso o da realizzare. Non esiste un unico tipo di scorecard, perché si adatta all'azienda. Presenta indicatori generici come il fatturato, ma anche indicatori specifici per ogni settore.

La balanced scorecard può essere utilizzata insieme al business plan perché, raccogliendo le cifre chiave, aiuta a controllare e monitorare la nuova azienda durante i primi anni di vita. Oltre al controllo aziendale, questo strumento di gestione consente ai manager di anticipare i problemi, stabilendo disposizioni per affrontarli in seguito, ma anche di sviluppare una strategia chiara. Infatti, grazie alle diverse aree strategiche studiate, nulla viene tralasciato.

- **Asse finanziario:** fatturato, profitto atteso, utile per azione (EPS), ritorno sugli investimenti (ROI), ritorno sulle attività (ROA), ecc.

- **Asse clienti:** quota di mercato, livello di soddisfazione dei clienti, tassi di fidelizzazione, ecc.

- **Asse dei processi interni:** durata e costo della produzione, lead time, tempi di risposta al cliente, ecc.

- **Asse di apprendimento organizzativo:** numero di reclami presentati dai dipendenti, tasso di soddisfazione interna, numero di corsi di formazione frequentati, opportunità di sviluppo, ecc.

Il diagramma di Gantt

Si tratta di uno strumento di gestione dei progetti regolarmente utilizzato in ambito informatico e ingegneristico. Fornisce una rappresentazione visiva dell'avanzamento del progetto, delle varie tappe (date chiave) e di ciò che resta da fare. Questo strumento è particolarmente utile per pianificare il lancio di un'azienda.

SINTESI

- Il business plan è una guida operativa, utile per la creazione di un'impresa o per l'avvio di un grande progetto, che descrive con precisione le linee guida e le aspettative future (per i prossimi tre anni) e fornisce una panoramica a breve e medio termine del progetto.

- È pensato per i dirigenti e i project manager, che dovranno garantire la fattibilità del progetto e monitorarne da vicino l'attuazione. Inoltre, aiuterà a convincere gli investitori e a informare tutti i collaboratori dei loro compiti e delle loro responsabilità.

- Il documento è suddiviso in circa dieci capitoli e ha i seguenti obiettivi principali:

    - presentare il prodotto e i suoi vantaggi attraverso il piano di marketing;

    - descrivere l'ambiente all'interno e intorno all'azienda attraverso una ricerca di mercato;

    - fornire previsioni finanziarie attraverso il piano finanziario.

- Il suo più grande vantaggio è che offre un quadro chiaro del progetto, senza zone d'ombra. È essenziale poter determinare una strategia chiara ed efficace sia in tempi di crisi che in condizioni normali.

- Il business plan è praticamente obbligatorio quando si richiedono finanziamenti a enti pubblici e banche e non ha molte alternative. Alcuni investitori privati, come gli angel investor, preferiscono una presentazione breve e semplificata che si concentri maggiormente sul prodotto, sulla sua utilità e sull'importantissimo ROI.

- Per essere efficace, un business plan deve essere redatto in modo corretto e oggettivo. Gli errori vanno evitati a tutti i costi e non bisogna in nessun caso nascondere informazioni dannose, con il rischio di veder crollare la propria attività.

- È importante che persone esterne al progetto approvino il business plan per garantire che sia affidabile e di facile comprensione.

- Infine, utilizzato insieme a una balanced scorecard, il business plan dovrebbe servire come documento di riferimento nei primi anni successivi al lancio della nuova azienda o del nuovo progetto in esso descritto. Gli imprenditori dovrebbero essere in grado di utilizzarlo come punto di riferimento per garantire che la strategia funzioni come dovrebbe e che il progetto sia redditizio; se necessario, si dovrebbero apportare modifiche agli obiettivi, apportare cambiamenti e completare nuove previsioni.

ULTERIORI LETTURE

BIBLIOGRAFIA

Abrams, R. (2014) *Il business plan di successo: Segreti e strategie*. Palo Alto: Planning Shop.

BECI (Senza data) *Business plan : quels points aborder?* [Online]. [Consultato il 28 aprile 2015]. Disponibile da: <http://www.beci.be/services/je_cree_ma_societe/business_plan_quels_points_aborder/>

Imprenditore (Senza data) *Business plan.* [Online]. [Consultato il 28 aprile 2015]. Disponibile da: < http://www.entrepreneur.com/encyclopedia/business-plan>

Filion, L. J., Ananou, C. e Schmitt, C. (2012) *Réussir sa création d'entreprise sans business plan*. Parigi: Eyrolles.

Kotler, P., Keller, K. e Manceau, D. (2012) *Marketing Management*. [14a edizione]. Montreuil: Pearson.

Lavinski, D. (2013) Schema del business plan – Lista di controllo in 23 punti per il successo. *Forbes*. [Online]. [Consultato il 28 aprile 2015]. Disponibile da: <http://www.forbes.com/sites/davelavinsky/2013/12/03/business-plan-outline-23-point-checklist-for-success/>

LICP. (2015) *Tableau de bord et reporting.* [Online]. [Consultato il 10 giugno 2015]. Disponibile da Internet Archive: <http://web.archive.org/web/20150513051720/http://www.licp.fr/site/images/stories/pdf/BTS_cgo/p8_9_chap8.pdf>

Università di Namur. (2013) Guida informativa. Le plan d'affaires ou business plan. *UNamur.* [Online]. [Consultato

il 28 aprile 2015]. Disponibile da Internet Archive: <http://
web.archive.org/web/20130613005419/http://www.una-
mur.be/recherche/utiles/optival/formations/
OPTIVALGuidePlanAffaires.pdf>

FONTI AGGIUNTIVE

Stutely, R. (2001) *The Definitive Business Plan: The Fast-Track to Intelligent Business Planning for Executives and Entrepreneurs.* Upper Saddle River: FT Press.

Vogliamo sapere da voi!
Lasciate un commento sulla vostra biblioteca online
e condividete i vostri libri preferiti sui social media!

Master ISBN: 9782808608206
ISBN cartaceo: 9782808609418
Deposito legale: D/2023/12603/126

Design digitale: Primento,
il partner digitale degli editori.